PKP International

VAK CONCEPT

Bruce A. J. Dewe
Joan R. Dewe

Frei von Streß

Selbsthilfe mit Kinesiologie

VAK CONCEPT
VAK Verlags GmbH
Kirchzarten bei Freiburg

Titel der neuseeländischen Originalausgabe:
»Stress release made easy. Manage your stress using kinesiology – a mini workshop for everyone«

Die Deutsche Bibliothek – CIP-Einheitsaufnahme

Dewe, Bruce:
Frei von Stress : Selbsthilfe mit Kinesiologie / Bruce Dewe ; Joan Dewe. [Übers.: Stefanie Maurer]. – Freiburg (Breisgau) : VAK, Verl. für Angewandte Kinesiologie, 2. Aufl. 2001 -
(VAK concept)
Einheitssacht.: Stress release made easy <dt.>
ISBN 3-932098-24-2

2. Auflage: 2001

Übersetzung: Stefanie Maurer
Lektorat: Judith Flamm, Norbert Gehlen
Umschlag: Hugo Waschkowski
Satz und Layout: Norbert Alvermann
Druck: Clausen & Bosse, Leck
Printed in Germany
ISBN 3-932098-24-2

Inhalt

Wichtige Hinweise

Die Autoren und *PKP International* verstehen keinen Teil dieser Arbeit direkt oder indirekt als Diagnose oder Verschreibung für Leser oder Ausbildungsteilnehmer.

In der *Professional Kinesiology Practice* (PKP) und im *Touch for Health* (TfH) stellen wir weder Diagnosen, noch verordnen oder behandeln wir auf irgendeine Weise Erkrankungen oder Krankheiten. Wir wollen keinen Menschen davon abhalten, Ärzte, Medikamente, Operationen oder medizinische Behandlung in Anspruch zu nehmen, wenn er ihrer bedarf.

TfH-Anwender und PKP-Praktizierende behandeln überhaupt nichts. Wir arbeiten in einer anderen Dimension. Wir arbeiten mit feinstofflichen Körperenergien, die im medizinischen Modell nicht vorkommen. TfH-Anwender und PKP-Praktizierende arbeiten nicht an einem Leiden, an Symptomen oder an einer bestimmten Krankheit. Unser Interesse gilt der Verbesserung der Gesundheit: wie man sie erreicht, erhält und verbessert, indem man sich seines Daseins und seiner besonderen Bedürfnisse bewußter wird.

Wer die in diesem Buch beschriebenen Tests und Korrekturübungen anwendet, tut dies in eigener Verantwortung. Die qualifizierte Anwendung des kinesiologischen Muskeltests ist nur nach intensiver persönlicher Schulung (in einem Kurs oder durch professionelle Kinesiologen) möglich.

Danksagung

Wir danken einander für den Beitrag, den jeder von uns zu diesem Workshopbuch und zum Umgang mit Streß in unserem Alltag geleistet hat.

Professor Kingsley Mortimer, der sich als bereits emeritierter Anatom zum Fachmann für Psychogeriatrie ausbilden ließ, lehrte uns erstmals das Konzept der Unausgeglichenheit *(dis-ease)* als Vorläufer von Krankheit und ermutigte uns, die etablierten medizinischen Lehrsysteme zu hinterfragen.

Der Chiropraktiker Dr. George Goodheart adaptierte den von den Professoren für Physiotherapie Kendall / Kendall und Wadsworth entwickelten Muskelkontraktionstest und revidierte und erweiterte damit den Anwendungsbereich der Chiropraktik. Er gilt zu Recht als „Vater“ der Angewandten Kinesiologie.

Der Chiropraktiker Dr. John Thie machte das als Muskeltesten bekannte Biofeedbacksystem und das „Figur-8-Energiesystem“ durch sein Buch *Touch for Health* (Gesund durch Berühren) jedermann zugänglich. Er betraute uns mit der Aufgabe zu lehren, Lehrer auszubilden und die TfH-Synthesis über sein Buch hinaus zu entwickeln, denn auch wir teilen seine Vision, daß diese Fähigkeiten jedermann überall zugänglich sein sollen.

Dr. John Diamond zeigt in seinem Buch *Die heilende Kraft der Emotionen,* wie man kraft der Worte, die der Energie in den Meridianverläufen entsprechen, die Energiesysteme des Körpers balanciert. John Diamonds Buch unterstützte Bruce Dewe im Trauerprozeß beim Tod seiner Mutter. Dr. Sheldon Deal demonstrierte auf einer TfH-Konferenz eine einfache Art, John Diamonds Arbeit anzuwenden, und zeigte außerdem das Allgemeine Streßsyndrom.

Gordon Stokes von *Three In One Concepts* und Autor von *One Brain* lehrte uns mehr über Wahlmöglichkeiten und wie man sie nutzt. Er entwickelte außerdem die Kunst des „Muskeltestens im klaren Funktionskreis“ weiter und lehrte uns mehr über Streßmanagement, Lehrmethoden und Präsentationsfähigkeiten.

Dr. John Bandler und Dr. Richard Grinder zeigten auf, daß wir unterschiedliche Aspekte der Gehirnfunktionen anregen, wenn wir in verschiedene Richtungen schauen.

Dr. Wayne Topping demonstrierte in seinem Buch *Stress Release* die Bedeutung der Augenrotation.

Donald E. Pickett, der Gründer von *Neo-Life*, entschloß sich dazu, Nahrungsmittelsupplemente zum Höchststandard und nicht zu Niedrigpreisen herzustellen. Hoffentlich bleibt dies auch weiterhin so.

Noch viele andere Autoren haben zu unserem Wissen und Verständnis beigetragen. Einige davon sind in den Literaturangaben zu finden.

Esther Alward, TfH-Instruktorin aus Neuseeland, zeichnete, während sie den *Tropical Workshop* in Bali besuchte, die Diagramme zum Muskeltesten. Wir danken ihr.

Wir danken Ihnen, daß Sie sich für Streßabbau und *Touch for Health* interessieren. Wir vertrauen darauf, daß dieser Workshop einer von vielen TfH-Workshops ist, an denen Sie noch teilnehmen werden.

Wir sind überzeugt davon, daß wir Sie in einem unserer PKP-Workshops begrüßen dürfen, wenn auch Sie von der Vision ergriffen sind, an *Touch for Health* und anderen kinesiologischen und gesundheitsverbessernden Selbsthilfemethoden teilzuhaben.

Einführung

Dies ist die Buchfassung eines Workshops, der ursprünglich für die Klienten unseres eigenen Zentrums entwickelt wurde. Da wir sehr viel reisen, ist ein notwendiger Bestandteil unserer Lehrprogramme, daß unsere Klienten von uns unabhängig werden. Alle haben diese Fähigkeiten zum Streßabbau leicht erlernt und angewendet. Die Geschichten ihrer Erfolge erfreuen unser Herz.

Tony Robbins sagte: „Wenn wir lernen, den Streß zu nutzen und als Freund statt als Feind zu sehen, können wir ihn sogar als Werkzeug verwenden, das uns darin unterstützt, ein erfülltes Leben zu führen."

Unser Ziel war und ist es, Ihnen einige einfache praktische Techniken zur Streßbewältigung nahezubringen. Sie können sie für sich selbst, in Ihrer Familie und bei Ihren Freunden anwenden.

Dieser Workshop ist das Ergebnis der gesammelten Ressourcen und der gemeinsamen Philosophie von Bruce Dewe, einem Arzt, und Joan Dewe, einer Lehrerin. Unser Ziel ist, Menschen zu stärken, ihnen neue Hoffnung und Rüstzeug an die Hand zu geben und Wege zu zeigen, wie sie aus ihrer momentanen Situation herauskommen können, sei es nun aus Schmerzen, Dysfunktionen, Erschöpfung, Schwäche, Müdigkeit, Frustration oder großer Hoffnungslosigkeit.

Im Workshop wenden wir das Muskeltesten aus der Kinesiologie als praktischen Biofeedback-Mechanismus an.

Wir betreiben schon einige Jahre lang, seit Bruce Dewe sich zum Rückzug aus der traditionellen medizinischen Praxis entschlossen hat, eine recht erfolgreiche kinesiologische Beratungsstelle. Von diesem Stützpunkt aus haben wir zahllosen Einzelpersonen geholfen, ihre eigenen Antworten auf ihr jeweiliges

Problemfeld zu finden. Wir glauben, daß jeder von uns die gottgegebene Quelle in sich trägt, um die Antworten auf seine eigenen Probleme und Bedürfnisse zu finden.

Wir arbeiten jedoch nicht nur mit Einzelpersonen, sondern wir ermutigen unsere Klienten, Kurse zu besuchen, in denen wir diese Fähigkeiten lehren.

Wir glauben fest daran, daß man den Bedürftigen zwar Fisch geben muß, daß es aber letztlich wirkungsvoller ist, ihnen die Ausrüstung zur Verfügung zu stellen und sie selbst das Fischen zu lehren.

Zu unseren gemeinsamen Fähigkeiten gehört, Wissen, das unverständlich oder „esoterisch" erscheint, aufzubereiten und es in einer klaren, präzisen, leicht nutzbaren Form zugänglich zu machen. Wir sind motiviert, Informationen zu vergleichen und weithin zu verbreiten, so daß Menschen aller Rassen, Konfessionen und Kulturen die Möglichkeit haben, sie zu nutzen.

Die bisherige Fassung dieses Textes, bekannt als das „Streß-ohne-Distreß-Workshopmanual", wurde in sieben Sprachen übersetzt und in sechzehn verschiedenen Ländern gelehrt. Um bei der steigenden Nachfrage eine Verwechslung mit dem gleichnamigen Text von Professor Hans Selye zu ermeiden, haben wir dann den Namen unseres Selbsthilfebuches geändert.

Coby Schasfoort aus den Niederlanden berichtete in ihrer Rede auf einer der weltweiten *Touch for Health*-Konferenzen über den Plan, einen neuen Kurs für ältere Krankenschwestern, die in der Gemeinde arbeiten wollen, einzurichten. Sie nannte ihn „Programm der weisen Frau an der Ecke" *(Wise woman on the corner)*.

Es ist unser Ziel, daß Sie ein weiser Mensch werden, der sich selbst, seiner Familie und seinen Freunden helfen kann. Es ist auch unser Ziel, daß Sie uns helfen, Menschen an der Ecke jeder Gasse, jeder Land- und Dorfstraße, in jeder Klein- und jeder Großstadt zu finden und zu weisen Menschen zu machen.

Wir bitten Sie, das, was Sie gelernt haben, anderen mitzuteilen, mehr darüber in den Literaturempfehlungen zu lesen, es in Ihrem Leben anzuwenden und Ihre Familie und Freunde zur Teilnahme an diesem Seminar anzuregen.

Nutzen Sie diese Informationen und Fähigkeiten, und werden Sie ein liebevoller, fürsorglicher Mensch mit größerer innerer Stärke und mehr Wahlmöglichkeiten in Ihrem Leben.

1 Was ist Streß?

Was ist Streß? Jeder weiß, wie es ist, sich gestreßt zu fühlen, doch es ist nicht einfach, das zu beschreiben. Wir können es auf diese Art definieren: „Wir fühlen Streß, wenn die Grenzen unserer Belastbarkeit stark herausgefordert werden."

Weniger moderne Begriffe, um den Zustand zu beschreiben, sind: Überanstrengung, Anspannung, Anforderung, Furcht oder unter Druck sein, neuerdings kommt meist auch Nervosität hinzu.

Der Streß, den die meisten von uns fühlen, ist die zehrende emotionale Müdigkeit, die entsteht aus den täglichen Irritationen, Aufregungen, Frustrationen, Kleinlichkeiten und Intoleranzen, mit denen wir ständig kämpfen.

Wir fühlen uns zuerst leblos oder taub, und wir denken, daß wir – wenn wir erst eine Pause machen – wahrscheinlich gar nicht mehr „in die Gänge kommen" ... Eine ganz andere und viel angenehmere Art der Müdigkeit ist es, wenn man sich nach einem langen Arbeitstag in einem gemütlichen Sessel niederläßt.

Dr. Hans Selye, der Begründer der modernen Streßforschung, definiert Streß folgendermaßen: „Die unspezifische Reaktion des Körpers auf alle Anforderungen, die an ihn gestellt werden."

Jede Situation oder jeder Umstand, der eine Veränderung oder Anpassung erfordert, wird Stressor genannt.

Selye versteht Streß als einen dreistufigen Vorgang, den er „Allgemeines Adaptations-Syndrom“ nennt. In der ersten Phase wird das ganze Körpersystem in eine Art Alarmzustand versetzt. Darauf folgt eine Mobilisierung der ganzen physischen, emotionalen, mentalen und spirituellen Lebenskräfte, um dem Streß standzuhalten. In der dritten Phase kommt es dann zur Erschöpfung der Ressourcen.

Dieser Workshop will Möglichkeiten aufzeigen, wie wir unsere Streßtoleranzen erhöhen und unsere erschöpften Ressourcen erneuern können, damit wir dem Streß standhalten und neue Fähigkeiten erlernen, mit Streß umzugehen.

Streß kann man nicht verhindern

Durch die moderne Technologie hat sich unser Leben stark verändert. Wir sind einer Vielzahl von elektromagnetischen Strahlen und Chemikalien ausgesetzt. Die Massenmedien, die Reisegeschwindigkeit und -möglichkeiten, neue Kommunikationsarten wie Faxgeräte und Computermodems haben unsere private Welt ausgeweitet. Wir müssen verstehen lernen, daß die Gefahren, die uns begegnen, und die Probleme, die wir lösen müssen, in erster Linie sich ständig verändernde mentale Herausforderungen darstellen.

Wir treffen im selben Zeitraum sicherlich hundertmal soviele Entscheidungen wie noch unsere Großeltern. Dieses Phänomen nennt Alvin Toffler „Future-Schock“, was soviel bedeutet wie Orientierungslosigkeit und Streß, die daraus entstanden sind, daß wir mit zuviel Veränderung in zu kurzer Zeit zurechtkommen müssen. Dies beeinträchtigt unsere Fähigkeit, passende und intelligente Lösungen zu finden.

Persönliche Beziehungen helfen uns, einen Sinn und unseren Platz in einer großen unpersönlichen Welt zu finden. Doch gerade Beziehungen sind heute nicht weniger komplex oder zerbrechlich, und sie scheinen durch den Zusammenbruch der Kernfamilie auch noch ständiger Veränderung zu unterliegen.

Streß und „Di-Streß"

Nicht jeder Streß ist schlecht für Sie. Dr. Hans Selye unterscheidet zwischen „gutem" Eu-Streß und „schlechtem" Di-Streß. Den guten Streß will man haben, man genießt ihn, vergnügt sich darin, oder man geht ihm aus dem Weg, um Aufregung, Erfolg oder Sieg zu vermeiden. Di-Streß dagegen will man vermeiden, man fürchtet ihn und leidet, wenn man ihn hat.

Streß, der durch Veränderung oder Herausforderungen des Lebens entsteht, ist wertvoll und gut. Er ist ein wesentlicher Bestandteil eines gesunden Lebens. Kein Mensch kann oder will jeglichen Streß vermeiden. Wir alle müssen uns den Herausforderungen unseres Alltags stellen. Die Kunst besteht darin, mit dem Streß so umzugehen, daß unsere Körperkreisläufe nicht überlastet werden.

Entwickeln Sie Zufriedenheit

Streß zu meistern bedeutet in erster Linie Zufriedenheit entwickeln – doch das stellt zugleich auch die Antithese dar zu dem, was unsere materialistische, ehrgeizige, leistungsorientierte und nach Besitz strebende Gesellschaft uns und unsere Kinder lehrt.

Streß wird erst dann zur Belastung, wenn wir merken, daß er die Kontrolle über unser Leben angreift. Wir haben dann das Gefühl, daß nicht das geschieht, was wir wollen, und daß dies niemals der Fall sein wird.

Streß entsteht, wenn unsere Erwartungen nicht mit unserer Realität übereinstimmen.

Die drei Streßphasen

Die drei Streßphasen von Dr. Hans Selye ergeben sich durch die unterschiedliche Ausschüttung von Streßchemikalien in den Blutkreislauf während der kritischen Zeit. Die Alarmphase wäre demnach eine Kurzzeitreaktion. Die Adaptationsphase könnte man auch Aufmerksamkeitsreaktion nennen. Alarm- und Aufmerksamkeitsreaktion ergeben sich daraus, wie der Betreffende die Ereignisse wahrnimmt.

Die Alarmreaktion

Die Alarmreaktion tritt auf, wenn der Betreffende in seiner Kontrolle herausgefordert wird. Während der Alarmreaktion wird gekämpft und gehandelt, um die Kontrolle wiederzuerlangen.

Die Aufmerksamkeitsreaktion

Die Aufmerksamkeitsreaktion tritt auf, wenn der Betreffende das Gefühl hat, die Kontrolle in oder über eine Situation verloren zu haben. In diesem Stadium überlassen wir uns diesem Verlust der Kontrolle.

Die Erschöpfungsreaktion

In den ersten beiden Phasen entsteht Streß, weil die Situation nicht mit der Mühelosigkeit oder auf die gewünschte Art und Weise gelöst werden konnte. Die letzte Stufe, die Erschöpfung aller Ressourcen, setzt ein, wenn wir es nicht schaffen, mit dem Streß fertigzuwerden. Unsere Biochemie kann sich dann nicht mehr länger dem Stressor anpassen; als Folge davon entsteht dann die Krankheit.

Streß bewältigen

Es gibt drei Möglichkeiten, um das Gleichgewicht und die Kontrolle zurückzugewinnen. Wir können entweder unsere Erwartungen oder unsere Realität oder beides verändern. Da wir unsere Realität niemals völlig umgestalten können, genügt es nicht, uns auf diesen Aspekt zu konzentrieren.

Was wir jedoch weitgehend verändern können, sind unsere eigenen Reaktionen und Überreaktionen. Streßreaktionen werden über einen ganz spezifischen Teil des Stammhirns, den sogenannten Hypothalamus, übermittelt; hier sitzt auch unser Angst- und Wutzentrum. Diese Region ist verantwortlich für unser Kampf- und Fluchtverhalten. Deshalb ist Streßbewältigung immer verbunden damit, „wie wir unseren Ärger und unsere Angst bewältigen".

Streßbewältigung ermöglicht uns, wieder kreativ zu denken, neue Möglichkeiten und Alternativen zu sehen und flexibler, anpassungsfähiger und elastischer zu werden.

Natürlich gibt es auch den Streß des Vergnügens, der Aufregung, der Herausforderung und der Erfüllung. Was wir alle wollen ist, den richtigen Streß im richtigen Maß und für den richtigen Zeitraum zu erfahren – und dies ist für jeden von uns einzigartig.

Der Versuch, mit zu vielen Veränderungen in zu kurzer Zeit zurechtzukommen, erzeugt exzessiven Streß; wenn die Belastungen andauern und sich nicht verändern, entsteht Di-Streß. Und Di-Streß bringt die Energiesysteme unseres Körpers aus dem Gleichgewicht, was letztendlich zur Erkrankung führt.

Einer unserer größten Stressoren ist die sogenannte „normale Ernährung". Keine Generation vor uns hat sich je mit einem so hohen Anteil an raffinierten Kohlehydraten, Dosennahrung, Fertigmenüs und anderen Nahrungsmitteln, deren Nährstoffe stark verarbeitet oder herausgekocht wurden, ernährt. Ein weiterer Streßfaktor ist unsere sitzende Lebensweise in isolierten, „krankmachenden“ Gebäuden.

Das eigentliche Problem sind jedoch nicht die Stressoren selbst, sondern es sind unsere Reaktionen auf sie, die darüber entscheiden, ob wir uns wohl fühlen oder krank werden. Dieser Workshop will Ihnen helfen, indem er Ihnen Techniken an die Hand gibt, die entwickelt wurden, damit Sie neue Entscheidungen treffen und Ihre inneren Ressourcen stärken können.

Die Warnsignale von Streß

Emotionale Signale

Apathie: Gleichgültigkeit; „Null-Bock“-Haltung; Desinteresse; Traurigkeit.

Furcht: Ängste; Schrecken; Unruhe; Sinnlosigkeitsgefühle.

Depression: „Ich gebe auf“; „Es ist hoffnungslos“; „Mir ist alles zu viel“; „Warum sollte ich mich noch länger anstrengen“.

Reizbarkeit: Ärgerlich; arrogant; streitlustig; überempfindlich; abwehrend.

Mentale Müdigkeit: Konzentrationsschwäche; eingeschränktes Denken; Abgehobensein; alles ist mit Anstrengung verbunden; es ist mühsam, „in die Gänge“ zu kommen.

Überkompensation: Grandiose Ideen; zu hart arbeiten; mißtrauisch sein.

Verleugnung: Ignorieren von Symptomen; abstreiten, daß man Probleme hat; arbeiten, obwohl man weiß, daß man zum Denken zu müde ist.

Verhaltenssignale

Vermeiden von: Arbeit; Beziehungen; Verantwortung.

Extreme: Alkoholismus; Spielsucht; Geldverschwendung; Promiskuität.

Geschäftliches: Zu spät zur Arbeit erscheinen; mangelnde Körperhygiene; nachlässige Kleidung.

Rechtliche Probleme: Schulden; Verkehrsdelikte; Unfallneigung; Ladendiebstahl; Gewalttätigkeit.

Körperliche Signale

Häufiges Kranksein: Erkrankungen jeder Art.

Kleinere Unpäßlichkeiten: Übelkeit; Schlaflosigkeit; Kopfschmerzen; veränderter Stuhlgang; Gewichtsveränderung; Appetitveränderung; sexuelle Probleme.

Physische Erschöpfung: Ständige oder grundlose Müdigkeit.

Hypochondrie: Sorgen machen um eventuelle Krankheiten (oder Krankheit ignorieren).

Eigentherapie: Abführmittel; Aspirin; Antazide; stärkende Mittel; Kräutermedikamente.

2 Reaktionen auf Streß

Es gibt zweierlei Streßreaktionen: Alarm und Aufmerksamkeit. Die kurzzeitige Warn- oder Alarmreaktion bereitet den Körper auf die Kampf- oder Fluchtreaktion vor. Die Langzeit-Aufmerksamkeitsreaktion bereitet den Körper auf das Durchhalten oder das Überleben vor. Beide Streßreaktionen werden in den Nebennieren ausgelöst. Die innere Nebenniere produziert Adrenalin, das Hormon, das den Körper in Alarmbereitschaft versetzt. Die Nebennierenrinde produziert Cortisol, das Hormon, das die Aufmerksamkeitsreaktion hervorruft.

Beide Reaktionen stellen Adaptationen des Körpers dar, um ungewöhnlichen Anforderungen nach Stärke oder Ausdauer nachzukommen. Wenn sie als Reaktion auf täglichen Streß andauernd aktiv sein müssen, wirken beide sehr destruktiv. Sie beeinträchtigen das Herz und die Blutgefäße. In der industriellen Welt sterben mehr Menschen an Herz- und Kreislauferkrankungen als an allen anderen Krankheiten zusammen.

Streß könnte – in der westlichen Welt – tatsächlich der größte einzelne Krankheitsfaktor sein. Daraus ergibt sich: Das Vermeiden von Di-Streß könnte die wichtigste Maßnahme sein, die wir zur

Prävention von Herzerkrankungen und von Krankheiten allgemein ergreifen können.

Die Alarmreaktion – Selyes erste Stufe

Die Notfallreaktion

Die Ausschüttung von Adrenalin in den Blutkreislauf ruft eine Reihe von physischen Veränderungen hervor, von denen einige darüber entscheiden, ob wir instinktiv kämpfen oder die Flucht ergreifen.

Herz: Schlägt schneller und stärker, so daß der Blutdruck steigt.

Blutgefäße: Das Blut wird vom Magen und der Haut zu den Muskeln verlagert. Das kann einen Spasmus in den normalen Blutgefäßen verursachen und die Gefäßwand beschädigen.

Stoffwechsel: Energiereiche Fette werden ins Blut abgegeben, Gerinnungsfaktoren ausgeschüttet und der Blutzucker steigt. Der Mund wird trocken.

Nerven: Die Pupillen vergrößern sich, die Atemfrequenz steigt. Muskeln spannen sich an.

Vielleicht nehmen wir diese Reaktion nur als Ärger oder Angst wahr. Unsere primitiven Adaptationsreaktionen stellen den Wunsch dar, für das Überleben zu kämpfen oder vor dem Stressor zu fliehen.

Kampf-/Wut-Reaktion:

Unser Oberkörper und der Kopf werden mit mehr Blut versorgt als unser Unterkörper. Die Muskeln in Hals und Schultern spannen sich stärker an, und das Gesicht wird heiß und rot. Kennen Sie das?

Flucht-/Angst-Reaktion:

Das Blut fließt von Kopf und Oberkörper weg, das Gesicht wird blaß, und die Beinmuskeln spannen sich, um davonzulaufen. Eine extreme Form der Flucht-/Angst-Reaktion ist die Ohnmacht oder der Schock.

Die Aufmerksamkeitsreaktion – Selyes zweite Stufe

Die Konservierungsreaktion:

Das ist die Art und Weise, wie sich der Körper in einer Situation von Wassermangel und Hunger auf langfristiges Überleben vorbereitet. In derselben Weise bereitet sich der Körper auch auf den Winter oder auf Stürme vor und erwartet Tage ohne Nahrung, Wasser oder Salz. Dies ist eine Langzeitreaktion als Folge von Kontrollverlust (über eine feindliche Umgebung).

Die Nebenniere schüttet langsam Cortisol in den Blutstrom aus und bewirkt damit folgende körperlichen Veränderungen:

Blutdruck: Erhöht sich langsam.

Körpergewebe: Hält lebenswichtige Nährstoffe wie Natrium zurück; die Nebenniere vergrößert sich.

Stoffwechsel: Es kommt zur langsamen, kontinuierlichen Ausschüttung von energiereichen Fetten und Gerinnungsfaktoren, der Cholesterinspiegel steigt, Kaliummangel tritt auf, die Sexualhormone werden unterdrückt, Überproduktion an Magensäure tritt auf.

Immunabwehr: Der Abwehrmechanismus wird schwächer.

Nerven: Entwickeln eine chronische Überwachsamkeit, verbunden mit Depression.

Die Erschöpfungsphase – Selyes dritte Stufe

Die Stufe von Hilflosigkeit und Hoffnungslosigkeit. Wird der Streß nicht reduziert, geht der Körper in die Erschöpfungsphase über, in der er nicht mehr anders auf die Herausforderungen an sein Kontrollsystem reagieren kann als mit Depression. Wir haben die Kontrolle aufgegeben. Unsere Reserven sind völlig erschöpft.

Der Lebensereignistest nach Holmes und Rahe

Dr. Thomas Holmes suchte nach Korrelationen zwischen wichtigen Lebensereignissen und streßbedingten Krankheiten. Selbst positive Ereignisse waren oft verknüpft mit einer Zunahme der Krankheitsrisiken – einfach weil sie Veränderung oder Anpassung erforderten.

Je mehr Faktoren sich in einem Jahr anhäufen, desto eher können sich Gesundheitsprobleme ergeben. Die Untersuchungen begannen im Jahr 1949 und wurden 1967 veröffentlicht.

Lebensereignis	
Tod des Ehepartners	100
Scheidung	73
Trennung vom Ehepartner	65
Gefängnisaufenthalt	63
Tod eines nahestehenden Familienmitglieds	63
Persönliche Krankheit oder Verletzung	53
Heirat	50
Kündigung der Arbeitsstelle	47
Versöhnung der Ehepartner	45
In Rente gehen	45
Veränd. des Gesundheitszustands eines Familienmitglieds	44
Schwangerschaft	40
Probleme in der Sexualität	39
Familienzuwachs	39
Veränderungen am Arbeitsplatz	39
Veränderung der finanziellen Verhältnisse	38
Tod eines guten Freundes	37
Berufswechsel	36
Veränderte Anzahl ehelicher Auseinandersetzungen	35

Hypothek/Darlehen über 15000 DM	31
Zahlungsrückforderg. einer Hypothek oder eines Darlehens	30
Veränderung der Verantwortlichkeit am Arbeitsplatz	29
Sohn oder Tochter verlassen das Elternhaus	29
Schwierigkeiten mit den Schwiegereltern	29
Außerordentliche persönliche Leistung	28
Ehefrau beginnt oder beendet ein Arbeitsverhältnis	26
Schulanfang oder Schulabschluß	26
Veränderung der Lebensumstände	25
Veränderung in den persönlichen Gewohnheiten	19
Schwierigkeiten mit dem Chef	23
Veränderung der Arbeitszeiten oder -umstände	20
Wohnungswechsel	20
Schulwechsel	20
Veränderung in der Freizeitgestaltung	19
Veränderung in den kirchlichen Aktivitäten	19
Veränderungen in den sozialen Aktivitäten	18
Hypothek/Darlehen von weniger als 15000 DM	17
Veränderung der Schlafgewohnheiten	16
Veränderung in der Anzahl der Familientreffen	15
Veränderung der Eßgewohnheiten	15
Urlaub/Ferien	13
Weihnachtszeit	12
Kleine Rechtsverletzungen	11
Gesamtpunktzahl:	______

Zählen Sie Ihre Punkte im letzten Jahr zusammen:

0 bis 150:	keine besonderen Belastungen
150 bis 199:	33% Krankheitsrisiko
200 bis 299:	50% Krankheitsrisiko
300 und mehr:	80% Krankheitsrisiko

Es gibt auch Auffälligkeiten bei noch geringerer Gesamtpunktezahl. Sie können all das nachlesen in: *Journal of Psychosomatic Research,* Band 11, Thomas H. Holmes, Richard R. Rahe: „The Social Readjustment Rating Scale“, Pergamnon Press Ltd. 1967

Wir empfehlen Ihnen, diese Tabelle wichtiger Lebensereignisse für sich selbst auszuwerten.

Mit den Fertigkeiten, die Sie in diesem Workshop erlernen, können Sie sich selbst von den Ereignissen, die Ihre emotionale Balance beeinträchtigen, „ent-stressen“.

Denken Sie daran: Nicht der Streß an sich ist entscheidend, sondern Ihre Reaktion darauf. Wenn Sie die Technik, die wir Ihnen nun zeigen, anwenden, vergrößert sich Ihre Flexibilität, Ihre Anpassungsfähigkeit und Ihre Elastizität.

3 ESR – eine kinesiologische Technik zum Auflösen von Streß

Was ist Emotionale-Streß-Reduzierung (ESR)?

Wenn wir uns emotional oder körperlich gestreßt fühlen, durchläuft unser Körper verschiedene biochemische Veränderungen, die sich je nach der Schwere des Stressors oder des Traumas in ihrer Intensität unterscheiden. Eine Folge von Streß ist, daß er uns eine Kette negativer Faktoren „einprägt", die uns dann sozusagen verfolgen.

Wir selbst könnten eine bestimmte streßbeladene Situation „vergessen", doch unser Biocomputer speichert die Informationen und erinnert sich jedesmal, wenn wir in eine ähnliche Situation kommen, wieder daran. Die Folge davon ist ein kumulativer Effekt, der uns dann ständig unter Streß stehen läßt.

Emotionale-Streß-Reduzierung (ESR), wie sie in *Touch for Health*-Kursen unterrichtet wird, stellt eine einfache und effektive Methode dar, mit der die negativen Folgen von Streß reduziert werden können. Sie ist eine sichere, leicht erlernbare und ebenso leicht anwendbare Methode.

Wann verwendet man ESR?

Sie können ESR für vergangene, gegenwärtige und zukünftige Streßsituationen anwenden. Das rechte Gehirn wird ihre Phantasien als neue Realität akzeptieren, um vergangene schädliche Streßerinnerungen zu ersetzen. Weil das rechte Gehirn keine Zeit kennt, kann es als „Zeitmaschine" eingesetzt werden, mit der man vorwärts oder rückwärts gehen und so Vergangenheit und Gegenwart neu gestalten und die Zukunft erschaffen kann. Die Technik ist immer dieselbe, beispielsweise bei Prüfungsvorbereitungen, bei Vorstellungsgesprächen, Wettkampfsituationen oder wenn alte oder neuere Verletzungen und Mißverständnisse gelöst werden sollen.

Emotionale-Streß-Reduzierung hilft, unsere Emotionen und angestauten Energien wieder ins Gleichgewicht zu bringen. Die physische Gesamtverfassung wird leicht und entspannt, und der mentale Nebel lichtet sich. Die Sicht wird klarer, und man meint, genauer zu hören. Wenden Sie ESR häufig an. Streßbeladenen Beziehungen kann mit ESR sehr geholfen werden. Und Kinder reagieren auf ESR leicht und schnell.

ESR kann überall angewendet werden. Wenn Sie überfordert oder von Entscheidungen, die sofort getroffen werden müssen, bombardiert an ihrem Schreibtisch sitzen, nehmen Sie sich einen Moment Zeit für ESR. Legen Sie ihre Hände auf Ihre Stirn. Lassen Sie alles an sich vorbeiströmen. In wenigen Sekunden werden sich die Prioritäten ordnen, oder es wird sich ein eindeutiger Gedanke einstellen. Wenn Sie zu den Menschen gehören, die gern mit Listen arbeiten, dann nehmen Sie jetzt, während sich Ihr Bewußtsein klärt, einen Stift in die Hand und machen sich Notizen. Sie werden merken, daß Ihre Gefühle von Panik, Überforderung und Nervosität verschwinden. Sie können jetzt ruhig und vertrauensvoll den Tag erleben.

Wie funktioniert ESR?

Die ESR-Technik aktiviert Reflexe (neurovaskuläre Punkte genannt), die mehr Blut in die vorderen Gehirnlappen bringen. Vorderhirndenken ist kreativ, es führt zu neuen Möglichkeiten und Alternativen. Wenn wir das Vorderhirn nutzen, finden wir neue Wege, um alte Probleme anzuschauen und dann neue Möglichkeiten und alternative Lösungen zu finden.

Hinterhirndenken aktiviert den Überlebensmodus. Das ist der Ort der allgemeinen automatischen Reaktionen, die auf Alarm- oder Aufmerksamkeitsreaktionen und auf vergangene Erfahrungen zurückgehen.

Die Streßchemikalien scheinen die Vorder-/Hinterhirn- und die Rechts-/Linkshirn-Integration zu vermindern, so daß wir unter Streß nicht mehr kreativ denken können. ESR dreht diesen Prozeß um: Die biochemischen Auslöser der alten Streßerinnerungen werden reduziert oder gänzlich gelöscht, und der Streß löst sich auf.

ESR und die Muskeltest-Reaktion

Wenn wir die Testperson bitten, sich auf das spezifische Streßereignis zu konzentrieren, reaktivieren wir ihren Überlebensmechanismus. Den Arm seitlich vom Körper auszustrecken ist noch kein Überlebenszeichen. Deshalb wird der Arm beim Muskeltesten in diesem Moment „abschalten" (Siehe unten: Kap. „Muskeltesten", Schritt 8, Seite 33).

ESR für Sie selbst

1. Begeben Sie sich nach Möglichkeit an einen ruhigen Ort, wo Sie einfach sein können. Das ist keine Bedingung, aber doch sehr hilfreich.

2a. Schließen Sie die Augen, und halten Sie leicht Ihre Stirnbeinhöcker (auf der Stirn ca. drei bis vier Fingerbreit über den Augen).

2b. Konzentrieren Sie sich auf das Ereignis oder auf das Problem.
2c. Betrachten Sie die Details. (Achten Sie auf die beteiligten Farben, Klänge, Formen, Gerüche und Gefühle.)
2d. Lassen Sie alles ganz real werden. (Vielleicht bemerken Sie flachen Atem, Augenflackern oder Tränen.)
2e. Sie halten weiterhin die Stirn, atmen und entspannen sich. Die Streßanzeichen werden verschwinden.
3. Nun spielen Sie die Situation durch, wie Sie sie gern gehabt hätten. Sie dürfen hier Ihre ganze Phantasie einsetzen.
4. Wenn Ihre Gedanken zu wandern beginnen, ist der Streß vom Ereignis abgelöst.

Anwendung von ESR bei Familienmitgliedern oder engen Freunden

1. Testen Sie den Indikatormuskel (IM). Diese Methode wird auf den nächsten Seiten erklärt. Sie gibt Ihnen eine Biofeedback-Einschätzung, die sehr wichtig ist, um die Veränderung zu erkennen.
2. Die Testperson konzentriert sich besonders auf das mögliche Streßereignis.
3. Testen Sie den Indikatormuskel erneut, während sich die Testperson auf das Streßereignis konzentriert. Schaltet der IM ab, dann ist dieses Ereignis tatsächlich ein Stressor. Bleibt der IM stark, dann ist dieses Ereignis kein Stressor für die Testperson (oder es ist zu diesem Zeitpunkt nicht das richtige Thema). Konzentrieren Sie sich auf etwas anderes. Denken Sie an einen anderen Aspekt des Problems.
4. Halten Sie leicht die Stirnbeinhöcker der Testperson. Auf der Stirn sind sie ungefähr drei bis vier Fingerbreit über den Augen zu finden. Es kann sein, daß Sie sie unter Ihren Fingern pulsieren spüren. Möglicherweise sind sie nicht synchronisiert. Halten Sie sanft diese Punkte, bis der Puls gleich ist oder die

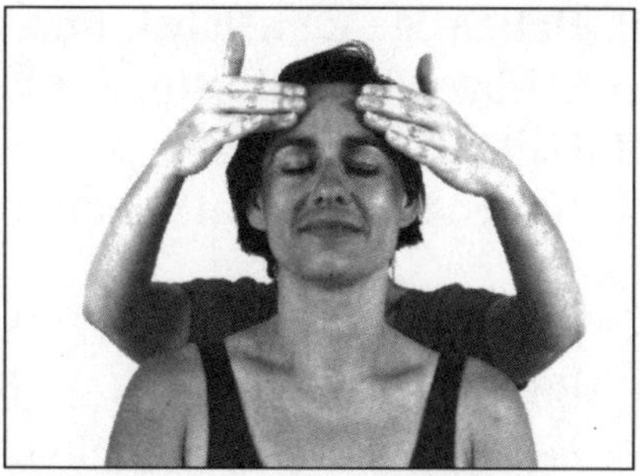

Person seufzt, gähnt oder sich die Augenbewegungen verringern oder sie einfach sagt: „Danke, das war genug." Das kann zwischen 30 Sekunden und 5 Minuten dauern. Während Sie die Punkte halten, lassen Sie die Testperson alle Aspekte des Problems durchgehen (leise oder laut).

5. Nehmen Sie Ihre Hände von der Stirn. Die Testperson denkt nochmal an das Streßereignis, und Sie wiederholen den Indikatormuskeltest. Wenn der IM stark bleibt, ist das Ereignis nicht mehr streßbeladen. Wenn der IM abschaltet, wird noch mehr ESR benötigt. In diesem Fall wiederholen Sie Schritt 4. Die Testperson soll überlegen, wie sie auch anders handeln könnte. Dann soll sie das Ereignis in dieser Weise durchspielen. Sie soll die neue Version mehrmals hintereinander ablaufen lassen.
6. Testen Sie erneut den IM. Wenn er stark bleibt, ist das Ereignis oder dieser spezifische Aspekt des Problems nicht mehr streßbeladen.

Muskeltesten

Das Muskeltesten ist ein Biofeedback-Mechanismus, der uns Zugriff auf den „Biocomputer" sowie die Bewertung und Anhebung seiner Leistung ermöglicht.

Vor dem eigentlichen Muskeltest steigern wir das Körperbewußtsein, indem wir verschiedene Akupunkturpunkte berühren. Wir nennen das „Einschalten" (switching on).

a) Halten Sie den Nabel, und reiben Sie auf beiden Seiten des Schlüsselbein-Brustbein-Gelenks.
b) Halten Sie den Nabel, und reiben Sie Ober- und Unterlippe.
c) Halten Sie den Nabel, und reiben Sie das Steißbein.

Testablauf

1. Bitten Sie die Testperson, beide Arme im 45°-Winkel nach vorn ausgestreckt zu halten.
2. Pressen Sie mit ganz sanftem Druck auf beide Handgelenke, um die Arme nach hinten unten zu drücken.

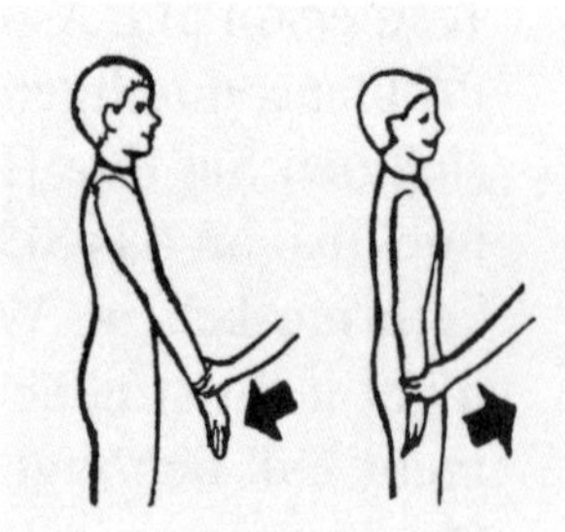

3. Wiederholen Sie dies bei seitlich angelegten Armen mit sanfter Zugrichtung nach vorn oben. Drücken Sie nicht stärker als mit etwa 1 Kilogramm Gewicht. Halten Sie den Druck 2 Sekunden lang oder kürzer (nur so lange, bis Sie merken, ob der Muskel sperrt oder nachgibt). Wenn der Arm entriegelt, bewegen Sie ihn nicht mehr als etwa 5 cm.
4. Der Arm wird entweder „sperren“ = fest bleiben (wie eine Bremse) oder „entriegeln“ = nachgeben (wie eine Kupplung).
5. Entriegelt er auf Druck nach hinten oder Zug nach vorn, lassen Sie die Testperson

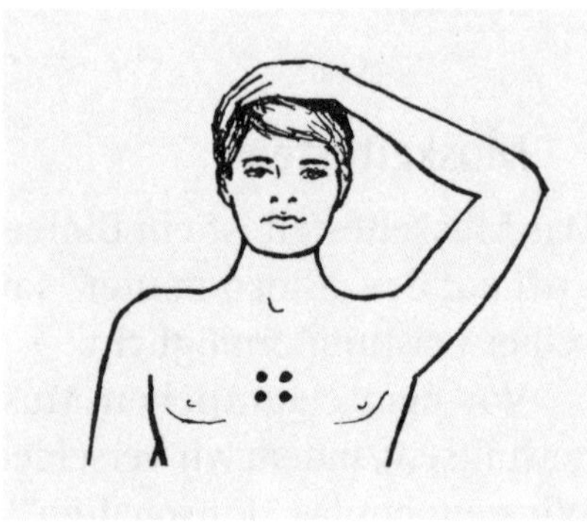

a) eine Hand auf den „Weichpunkt“ (vordere Fontanelle) des Kopfes halten und
b) die Zwischenräume der Rippen zwischen den Brüsten neben dem Brustbein reiben.

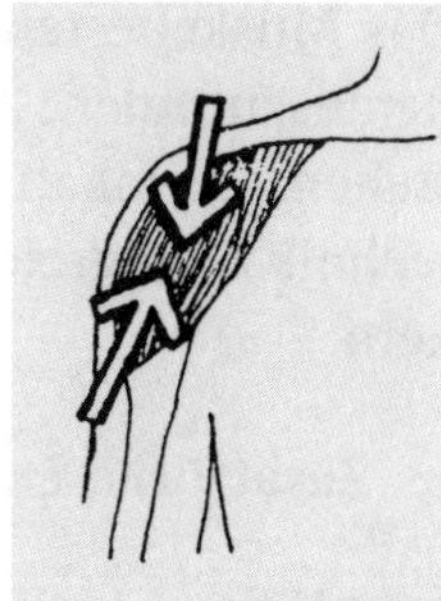

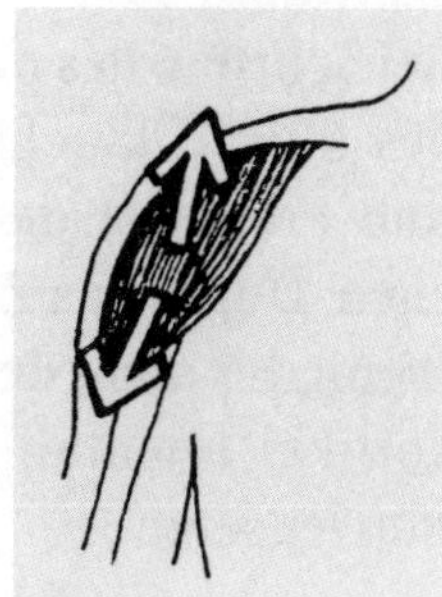

6. Nun „schalten“ Sie den Muskel manuell „ab“. Schieben Sie die Muskeln in der Mitte zusammen (Abb. rechts oben). Sie sollten nun beide von vorn und von hinten „entriegeln“, wenn beide Arme gleichzeitig getestet werden. (Wenn nicht, lesen Sie die zusätzlichen Erläuterungen auf der nächsten Seite.)
7. Schalten Sie nun die Muskeln wieder an, indem Sie sie in der Mitte auseinanderziehen (Abb. rechts unten).
8. „Schalten“ Sie jetzt die Muskeln durch Streß „ab“. Lassen Sie die Testperson an etwas Peinliches oder Schreckliches denken, und testen Sie dann. Die Muskeln sollten entriegeln. (Dies ist die normale Streßreaktion.)
9. Wenn die Muskeln bei Testpunkt 8 nicht entriegeln, lassen Sie die Testperson ein paar tiefe Atemzüge machen, und wiederholen Sie den Test. (Entriegeln sie wieder nicht, lesen Sie die zusätzlichen Erläuterungen auf der nächsten Seite.)
10. Lassen Sie die Testperson an etwas Angenehmes denken, und testen Sie wieder. Die Muskeln sollten halten.

Sie sind nun so weit, daß Sie einen dieser Muskeln als Indikatormuskel verwenden können. Wir nennen das, was wir gerade gemacht haben: „Überprüfen auf einen klaren Muskelfunktionskreis“. Diese Methode wurde aus *One Brain* von Gordon Stokes, dem ehemaligen *National Training Director* der *TfH-Foundation*, übernommen. Wenn der Funktionskreis nicht auf Klarheit getestet und auf diese Weise korrigiert worden ist, sind die Testergebnisse unzuverlässig. In TfH- und in anderen Kinesiologie-Seminaren erfahren Sie mehr über Muskeln und ihre Funktionsweise.

Das Muskeltesten kann uns helfen: 1. den belastenden Stressor herauszufinden; 2. die Energiebahnen des Körpers, die unter Streß stehen, zu lokalisieren; 3. herauszufinden, ob die Streßabbautechnik erfolgreich war; 4. die positive Veränderung zu verankern.

Zusätzliche Erläuterungen zu den Schritten 6 und 8

Schritt 6

Bei Schritt 6 des obigen Prozesses aktiviert das Zusammendrücken des Muskelbauches spezielle Zellen. Ihre Aufgabe ist es, Länge und Frequenz der Längenveränderung im Muskels zu überwachen. Durch das Zusammendrücken wird der Muskel geschwächt. Wenn das nicht der Fall ist, so bedeutet das, daß sich die Testperson kortikal (mental) über einen normalen physiologischen Prozeß hinwegsetzt.

Schritte 6 und 8

Personen, die sich bei Schritt 6 kortikal (mental) überanstrengen, werden wahrscheinlich auch die normale Streßreaktion bei Schritt 8 blockieren. Sie sind vielleicht nicht gut in Kontakt mit ihrem Körper oder, was wahrscheinlicher ist, sie sind in einer Lebenssituation, in der sie es sich nicht leisten können, sich zu entspannen, loszulassen oder schwach zu werden, auch nicht für einen Augenblick. Ein Beispiel ist eine Mutter von drei Kleinkindern oder ein „Schichtmeister“ an einer Produktionsstraße.

Wie man mentale Überanstrengung auflöst

Lassen Sie die Testperson tief atmen, sie soll ihre Schultern fallenlassen und sich entspannen und das sichere Gefühl haben, daß sie, egal welche Streßreaktion der Muskeltest aufdeckt, in sich die Fähigkeiten hat, kreativ damit umzugehen. Sie ist nun bereit, mit den Schritten 6 oder 8 weiterzumachen.

Emotionale Balance mit Affirmationen

Wenn wir gestreßt sind, ist unser Gehirn nicht in der Lage, alle seine Ressourcen voll zu integrieren. Jede cerebrale Hemisphäre (jede Hälfte des Gehirns) hat viele Funktionen. Zwei einfache Möglichkeiten, um herauszufinden, welche Hälfte des Gehirns unter Streß steht, sind Summen und Zählen. Die linke Hemisphäre wird durch Zählen, die rechte durch Summen aktiviert. Wenn die beiden Gehirnhälften nicht vollständig integriert sind, wenn sie also unter Streß stehen, zeigt der Indikatormuskel beim Summen oder Zählen eine Streßreaktion.

In *Touch for Health* lernen wir die Energiebahnen der Körpermeridiane kennen. Diese Energiesysteme stehen in Beziehung zu den Muskeln, Organen und Emotionen. Wenn wir an einer negativen Emotion festhalten, beeinflußt das den spezifischen Meridian und die damit in Verbindung stehenden Muskeln und Organe. Bestimmte Unausgeglichenheiten können deshalb leicht auch zu einem Ungleichgewicht in dem dazugehörigen Organ führen.

Jede der vierzehn Meridianbahnen hat einen Testpunkt auf der Haut. Diese werden Alarmpunkte genannt. Die Abbildung auf Seite 38 zeigt ihre Lage.

Alarmpunkte auf der Körpermittellinie beziehen sich auf das rechte Gehirn und auf Summen.

Alarmpunkte auf den Seiten beziehen sich auf das linke Gehirn und auf Zählen.

Wir verwenden den Muskeltest, um den Alarmpunkt zu lokalisieren, der die Streßreaktion auslöst. Der getestete Muskel wird durch die Berührung des beteiligten Alarmpunkts vorübergehend geschwächt.

Dies zeigt uns die unter Streß stehende Meridianbahn an. Mit Hilfe der Liste auf Seite 39 finden wir die festgehaltene, negative

Emotion, die mit dem Problem verbunden ist. Wir haben sie von dem Psychiater Dr. John Diamond übernommen.

In dieser Tabelle sind die negativen und positiven Emotionen aufgeführt. Mit ihrer Hilfe formulieren wir eine Affirmation, die die Energie im Meridian ausgleicht. Sie löst den Streß im Meridian und damit auch im entsprechenden Organ auf; so reduziert sich die Wahrscheinlichkeit, daß sich ein Ungleichgewicht in Gestalt einer Krankheit im Organsystem entwickelt. Und wenn sich im Organsystem schon eine Krankheit ausgebreitet hat, dann unterstützt die Streßreduzierung den Heilungsprozeß.

Die verwendete Affirmation steht in Bezug zur positiven Emotion – (wir fühlen uns in der Gegenwart *nicht* so). Wir verwenden eine spezielle „Klopf"-Technik – wir klopfen vorwärts oder rückwärts (oder im Kreis) um das Ohr herum, um die jetzige Einstellung des Bewußtseins zu der Aussage zu umgehen. Das hilft dem Unterbewußtsein, die neue emotionale Reaktion auf jemanden oder auf etwas als neue Realität zu akzeptieren.

Während Sie die Klopftechnik anwenden, lassen Sie die Augen langsam im Kreis wandern, zuerst in die eine Richtung, dann in die andere, je einmal mit geöffneten und dann mit geschlossenen Augen. Dies fügt der Problemlösung eine weitere Dimension hinzu.

Beispiel: Wenn die Erinnerung an meine Mutter im Herzalarmpunkt eine Streßreaktion des Indikatormuskels hervorruft, dann steht meine Herzmeridianbahn unter Streß. Das schwächt all die Muskeln in meinem Körper, die mit dem Herzmeridian in Beziehung stehen *(Subscapularis, Subclavicularis)*; die moderne Herz-Kreislauf-Forschung hat nachgewiesen, daß dies gleichzeitig auch mein Herz streßt. Mit Hilfe der Liste auf Seite 39 wird deutlich, daß die darunterliegende negative Emotion Ärger ist. Daraus ergibt sich, daß die Emotion, die den Streß auflösen kann, Liebe sein muß.

Die Affirmation, die ich nun „einklopfe“, könnte etwa so lauten: „Wenn ich an meine Mutter denke, bin ich liebend und vergebend.“ Die alte Reaktion schmerzt niemanden außer mich selbst. Meine neue Affirmation ist in der augenblicklichen Verfassung fast immer eine „Unwahrheit“. Das Einklopfen der neuen Botschaft löst augenblicklich eine Verhaltensveränderung aus. Die neue Reaktion unterstützt – durch Entspannen des Herzmeridians und den Ausgleich im gesamten Körperenergiesystem – die Heilung in mir und in meiner Beziehung.

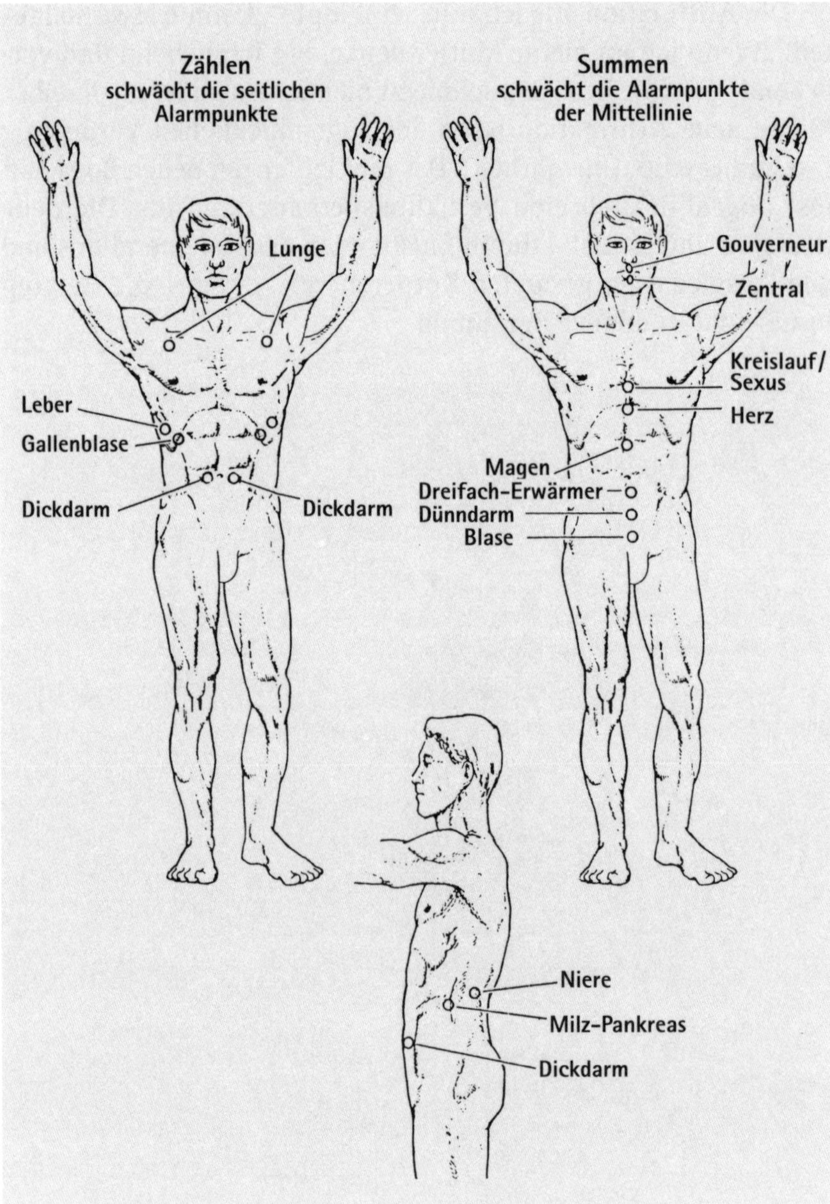
Zählen
schwächt die seitlichen Alarmpunkte
Lunge
Leber
Gallenblase
Dickdarm
Dickdarm
Summen
schwächt die Alarmpunkte der Mittellinie
Gouverneur
Zentral
Kreislauf/Sexus
Herz
Magen
Dreifach-Erwärmer
Dünndarm
Blase
Niere
Milz-Pankreas
Dickdarm

Alarmpunkte

Mit Hilfe der Alarmpunkte finden wir den Meridian, der momentan bei unserer Testperson durch ein Problem, mit dem sie sich beschäftigt, geschwächt wird. (Vgl. Abbildung Seite 38.)

Meridiane und zugehörige Emotionen

Alarmpunkte der Mittellinie

(Summen bewirkt bei Streß ein Abschalten)

Meridian	*negative Emotion*	*positive Emotionen*
Gouverneur	nicht unterstützt	unterstützt
Zentral	verlegen / beschämt	erfolgreich
Kreislauf / Sexus	starrköpfig	entspannt
Herz	Ärger / Zorn	Liebe
Magen	enttäuscht	zufrieden
Dreifacherwärmer	Schwere	Leichtigkeit
Dünndarm	Sorgen	Freude
Blase	ruhelos	Friede / Harmonie

Alarmpunkte der Seiten

(Zählen bewirkt bei Streß ein Abschalten)

Meridian	*negative Emotion*	*positive Emotion*
Lunge	Intoleranz	Toleranz
Leber	unglücklich	glücklich
Gallenblase	Wut / Zorn	Liebe
Niere	sexuelle Unsicherheit	sexuelle Sicherheit
Milz	Zukunftsängste	Vertrauen i. d. Zukunft
Dickdarm	Schuldgefühle	Selbstwertgefühl

Anwendung von Affirmationen beim Muskeltesten, um die emotionale Balance wiederzuerlangen

Testen:

1. Sagen Sie zur Testperson: „Denken Sie an das Problem oder die Person, die Sie belastet.“
2. Lassen Sie die Testperson *zählen,* während Sie den Indikatormuskel (IM) testen. Wenn IM abschaltet, dann sind die Alarmpunkte der Seiten beteiligt; sie werden über Berührung nachgetestet. Wenn IM hält, sind die Alarmpunkte der Seiten im Moment nicht beteiligt.
3. Lassen Sie die Testperson *summen,* während Sie den Indikatormuskel (IM) testen. Wenn IM abschaltet, sind die Alarmpunkte der Mittellinie beteiligt und werden über Berührung nachgetestet. Wenn IM hält, sind die Alarmpunkte der Mittellinie im Moment nicht beteiligt.
4. Wenn bei Punkt 2 oder 3 der IM abschaltet, dann ...
5. Berühren und testen Sie gleichzeitig die Alarmpunkte, um den streßbeladenen Meridian zu finden. Beim beteiligten Alarmpunkt schaltet der IM ab. Auf der Liste finden wir die dem Meridian zugehörigen Emotionen. Die negative Emotion sagt uns, wie wir uns im Moment dem Betreffenden oder der Sache gegenüber fühlen. Die positive Emotion sagt uns, was notwendig ist, um die Meridianenergie wieder auszugleichen.
6. Halten Sie weiterhin den Alarmpunkt, während Sie die Affirmation suchen, die den Streß aus dem Meridian nimmt und den Muskel zum Halten bringt. Nehmen Sie dafür die Liste auf den Seiten 42–45 zu Hilfe.

(Sollte keine der vorgegebenen Affirmationen eine Veränderung bringen, dann formulieren Sie selbst eine.)

Korrekturübung:

1. Sprechen Sie die Affirmation auf folgende Weise aus: „*Wenn ich an ... (Name der Person oder die Situation) ... denke, bin/fühle ich ... (Affirmation)!*“ Gleichzeitig machen Sie zwei andere Dinge:

a) Klopfen Sie vorwärts, rückwärts oder im Kreis um das Ohr herum (Daumen an Ringfinger).

b) Bewegen Sie die Augen langsam *im* und *gegen* den Uhrzeigersinn im Kreis. Zuerst mit geöffneten und dann mit geschlossenen Augen.

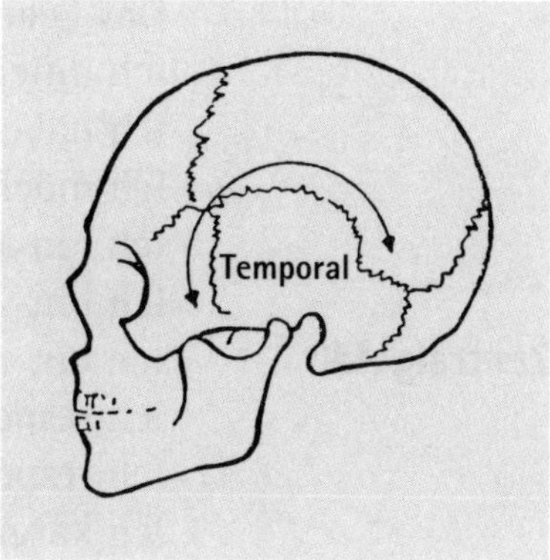

2. Lassen Sie an die Person oder die Situation denken und gleichzeitig summen oder zählen. (Lassen Sie dann nochmals das machen, was den IM vorher abgeschaltet hat.) IM schaltet nun nicht mehr ab.
3. Lassen Sie die andere Handlung ausführen (summen oder zählen), und testen Sie den IM. Wenn IM beim Summen abschaltet, dann liegt der Alarmpunkt auf der Mittellinie. Wenn IM beim Zählen abschaltet, dann liegt der Alarmpunkt auf der Seitenlinie.
4. Es können mehrere Meridiane gestreßt sein. Vergewissern Sie sich, daß, bevor Sie den Prozeß abschließen, weder beim Summen noch beim Zählen eine Schwächung des IM eintritt.

Affirmationen für Meridiane mit Alarmpunkten auf der Mittellinie

Bei jedem Stressor lassen Sie sagen: *„Wenn ich an ... (Person/-Situation) ... denke, bin/fühle ich ... (Affirmation)!“*

Gouverneur	Ich werde unterstützt. Das Leben unterstützt mich. Ich unterstütze mich selbst. Ich habe Vertrauen. Ich möchte die Wahrheit wissen. Ich bin aufrichtig. Ich bin vertrauenswürdig.
Zentralgefäß	Ich bin erfolgreich. Ich respektiere mich selbst. Ich respektiere ... (Name). Ich kann mich gut konzentrieren. Ich kann gut mit meinem Geld umgehen. Ich habe eine Perspektive.
Kreislauf-Sexus	Ich lasse die Vergangenheit los. Ich bin großzügig. Ich bin entspannt. Ich teile meine Gefühle frei und aufrichtig mit. Ich bin freundlich und verständnisvoll. Ich lasse andere die Verantwortung für sich selbst übernehmen.
Herz	Ich vergebe mir selbst und ... (Name) von ganzem Herzen. Ich kann Liebe und Akzeptanz andern gegenüber frei ausdrücken. Ich liebe. Ich verzeihe. Mein Herz ist versöhnlich gestimmt.

Magen
Ich bin zufrieden.
Ich bin zufrieden mit dem, was ich habe.
Ich bin voller Liebe und Zufriedenheit.
Ich bin gelassen.
Ich bin dankbar.

Dreifacherwärmer (Schilddrüsenmeridian)
Ich bin leicht und beschwingt.
Ich bin voller Licht.
Ich bin freudig erregt.
Ich bin hoffnungsvoll und lebensfroh.
Ich bin in guter Verbindung mit den Bedürfnissen der anderen.

Dünndarm
Ich bin voller Freude.
Ich hüpfe vor Freude.
Ich kann aus allen meinen Erfahrungen profitieren.
Meine Sprache drückt Freundlichkeit aus.
Ich bin aktiv und produktiv.
Ich erinnere mich genau.
Ich finde mich selbst intelligent.
Ich ziehe logische Schlußfolgerungen.

Blase
Ich bin in Harmonie.
Ich bin friedvoll. Ich bin geduldig.
Ich bin ausgeglichen.
Ich erreiche meine Ziele.
Ich möchte sparen.
Ich respektiere die Erde.
Ich habe Selbstkontrolle.
Ich mache kluge Investitionen.

(Thymus)
Ich bin und empfinde Liebe, Glaube, Vertrauen, Dankbarkeit und Mut.

Hinweis: Nachdem die streßbeladene Emotion im Meridian geklärt wurde, kann die Affirmation, die im Prozeß verwendet wurde, im Alltag eingesetzt werden, um die Körperenergien in Balance zu halten.

Affirmationen für Meridiane mit Alarmpunkten auf den Seiten

Bei jedem Stressor sagen Sie: *„Wenn ich an ... (Name der Person oder des Problems) denke, bin/fühle ich ...(Affirmation).“*

Lunge	Ich bin demütig. Ich bin bescheiden. Ich bin mit mir und ... (Name) tolerant. Ich bin dankbar für das, was ich habe. Ich habe eine positive Meinung von anderen. Ich akzeptiere die anderen, wie sie sind.
Leber	Ich bin glücklich. Ich bin fröhlich. Ich habe Glück. Ich habe Vertrauen in Veränderungen. Ich ziehe Besitz an. Ich passe mich Veränderungen mit Anmut und Leichtigkeit an.
Gallenblase	Ich gehe liebevoll auf andere zu. Ich liebe und verehre Gott. Ich handle liebevoll. Ich handle. Ich wähle/entscheide mich für die Wahrheit. Ich habe keine Zweifel.
Milz	Ich fühle mich sicher. Meine Zukunft ist sicher. Gott ist meine Führung. Ich glaube an und vertraue auf meine Zukunft. Ich fühle mich materiell gesichert.

Niere	Meine sexuellen Energien sind im Gleichgewicht. Meine kreativen Energien sind ausgeglichen. Ich bin entschlußfreudig. Ich schaffe es und bin erfolgreich. Ich erkenne die Segnungen des Lebens.
Dickdarm	Ich begrüße finanziellen Überfluß. Ich ziehe finanziellen Überfluß an. Ich bin von Grund auf rein und gut. Ich gefalle mir. Ich bin es wert, geliebt zu werden.

Hinweise:

1. Die ursprüngliche Liste wurde von TfH-Instruktorin Jessica Bear auf dem ITW 1986 in San Diego vorgestellt. Wir haben noch einige häufig vorkommende Affirmationen aus M. Murrays erweiterter Liste hinzugefügt.
2. Nach der Klärung der streßbeladenen Meridianemotion kann die Affirmation aus dem Korrekturprozeß auch im Alltag eingesetzt werden, um die Körperenergien im Gleichgewicht zu halten.
3. Eine ausführlichere Liste wurde von der TfH-Instruktorin M. Murray erstellt. Einige Affirmationen davon wurden im Jahresbericht der TfH-Foundation 1988 veröffentlicht. Kopien sind erhältlich bei:
   Marguerite Murray, N81 W 15062 Appleton Ave.,
   Menomonee Falls/WI, USA, Tel./Fax: (001) 4 14-2 53 49 05

Das Allgemeine Streßsyndrom

Es gibt auch noch andere einfache Wege, die Auswirkungen von Streß auf den Körper zu erfassen und aufzulösen; der einfachste basiert auf den neusten Forschungsergebnissen über Transmitter.

Mit dieser Korrektur können Sie sich selbst – ohne Unterstützung von jemand anderem – „ent-stressen".

Wenn zwei oder mehr der folgenden Tests auf Sie zutreffen, dann kann man sagen, daß Sie unter dem Allgemeinen Streßsyndrom leiden. Es ist keine Bedingung, die Tests vor jeder Korrektur durchzuführen. Sie können die Korrektur zu jeder Zeit anwenden.

Tests:

1. Der IM schaltet ab, wenn Sie an das Streßthema Nr. 1 in Ihrem Leben denken.
2. Der IM hält beim Zählen und schaltet beim Summen ab.
3. Der IM hält, wenn Sie auf der einen Kieferseite kauen, er schaltet jedoch ab, wenn Sie auf der anderen Seite kauen.

Korrektur:

1. Halten Sie den Lautsprecher eines Kassettenrekorders an den Dünndarm-Alarmpunkt (auf halbem Weg zwischen Nabel und Schambein, siehe Abbildung der Alarmpunkte auf Seite 38).
2. Spielen Sie nun zwei Minuten lang klassische Musik.
3. Wiederholen Sie die Vortests, um Ihrer Testperson die positiven Veränderungen zu demonstrieren.

Erklärung:

Die moderne Gehirnforschung hat nachgewiesen, daß die gleichen Neurotransmitter, die im Gehirn produziert werden, auch im Dünndarm produziert werden. Dr. Sheldon Deal hat diese auf dem 12. Internationalen TfH-Meeting in San Diego aufgrund von Forschungsunterlagen des ICAK vorgestellt (auch nachzulesen in *The Fabric of Mind* von R. Bergland).

4 Andere Hilfen zur Streßbewältigung

Atmung und Streßbewältigung

Seit Jahrhunderten haben Heiler die Bedeutung der Atmung als Mittel zur Beruhigung von Emotionen, bei physiologischen Veränderungen und zur Erhaltung der Gesundheit erkannt. Viele Therapeuten bringen in bestimmten Phasen des Atemzyklus Korrekturen an. *Yoga* lehrt richtiges Atmen als Therapie. *Rebirther* verwenden „bewußtseinsverbundenes" Atmen, um dem Klienten zu helfen, angestaute Spannung loszulassen. Wenn man ärgerlich oder überreizt ist, erinnert uns ein alter weiser Spruch daran, „erst einmal tief durchzuatmen".

Das tiefe Atmen reinigt die Lungen von verbrauchter Luft, versorgt das Blut wieder mit Sauerstoff und unterstützt die Funktion der Thymusdrüse, die sich hinter dem Brustbein befindet und durch gute Lungenaktivität „massiert" wird. Im gesunden Zustand aktiviert die Thymusdrüse die Immunabwehr und steigert die Lebensenergie.

Atmungsgewohnheiten unter Streß

Wir alle halten leicht die Luft an und „vergessen zu atmen“, oder wir wenden die flache Brustatmung an. Andere wiederum seufzen immer wieder tief oder atmen verkehrt herum: Sie ziehen die Bauchdecke bei der Einatmung ein und dehnen sie bei der Ausatmung aus. Unter extremem Streß oder bei Schockreaktionen hyperventilieren (überatmen) die Betreffenden.

Richtiges Atmen

Dr. John Thie läßt seine Patienten sich das Einatmen wie einen Becher vorstellen, der mit Flüssigkeit gefüllt wird: Zuerst füllt sich der Boden des Bechers. Genauso ist es bei der richtigen Atmung.

1. Beim Einatmen bewegt sich das Zwerchfell durch eine Kontraktion nach unten. Man erkennt das an der Ausdehnung der Bauchdecke.
2. Danach dehnen sich die Rippen aus, und der mittlere Teil füllt sich.
3. Zuletzt hebt sich der obere Brustkorb an, und die oberen Lungenlappen füllen sich.
4. Während der Ausatmung entspannen sich Brustkorb und Zwerchfell. Man erkennt das daran, daß sich der Brustkorb senkt und schmaler wird und die Bauchdecke einsinkt.

Was Sie tun können

1. Üben Sie das tiefe Atmen, um das Zwerchfell zu stärken.

a) Beginnen Sie damit, vor einem Spiegel zu atmen – beobachten Sie die Atemphasen.

b) Danach *gehen* Sie langsam mit einer Hand auf der Bauchdecke. Dies hilft Ihnen, die Bauchdecke bei der Einatmung nicht einzuziehen.

2. Erlernen Sie das kontrollierte tiefe Atmen. Der amerikanische Motivationsredner Anthony Robbins lehrt folgenden Rhythmus: Beim Einatmen zählen Sie bis 7, dann halten Sie die Luft an, während Sie bis 28 zählen, und schließlich atmen Sie tief aus und zählen dabei bis 14.
3. Wenn Sie eine sitzende Tätigkeit ausüben, dann gönnen Sie sich „Atempausen". Stehen Sie auf. Bewegen Sie sich. Verändern Sie Ihre Haltung. Atmen Sie für ein paar Minuten tief durch.
4. Verbessern Sie Ihre Haltung: Die TfH-Haltungsbalance und Übungen werden das unterstützen.
5. Tragen Sie keine Kleidung, die die Zwerchfell- und Brustkorbbewegungen einengt.
6. Wenn Sie sich gestreßt fühlen – atmen Sie. Atmen Sie mehrere Male tief und langsam durch, bevor Sie irgend etwas tun.

Wenn Sie einem Familienmitglied oder Freund helfen wollen

1. Um die Atmung der anderen zu beruhigen, passen Sie sich ihrer Atmung an. Reduzieren Sie langsam die Anzahl Ihrer Atemzüge. Ihr Gegenüber wird sich automatisch Ihrem langsameren Rhythmus angleichen.
2. Bei einer Schockreaktion soll der Betreffende einen Papierbeutel (kein Plastik) über Nase und Mund stülpen und für mehrere Atemzüge seine eigene Atemluft einatmen. Das verhindert ein vollständiges Verausgaben des Kohlendioxid und stoppt Taubheit und Kribbeln, es verlangsamt die Atmung und löst Fingerkrämpfe und Kiefersperre.

Körperliche Aktivität und Streßbewältigung

Bessere Stimmung, besserer Schlaf

Der Psychiater Ronald M. Lawrence von der kalifornischen Universität in Los Angeles stellte fest, daß leichte Depressionen häufiger auftreten als eine Erkältung und daß Ausdauertraining dafür erstaunliche Hilfe bringt. Bei einem Experiment an der Pundue-Universität wurde festgestellt, daß die Fähigkeit, Entscheidungen zu treffen, durch regelmäßiges *Walking* (flottes Gehen) bis zu 60 % anstieg. Studien mit einem Elektromyographen zeigten die Korrelation zwischen Muskelaktivität und Ängstlichkeit. Dr. Georg Blackburn stellte fest, daß die Neurotransmitterfunktion durch körperliche Übungen verbessert wird, was zu mehr Beweglichkeit, Atmung, besserem Schlaf und leichterem Erwachen führt.

Körperliche Aktivität unterstützt die Streßbewältigung, sie reduziert Depressionen, Ängste und Hypochondrien und hebt das Selbstvertrauen. Glynn Braddy vom IFA in Sydney sagte: „Aerobic-Unterricht wird von Fitten für Fitte gemacht." Also, machen Sie einfach mit!

Nathan Pritikin begann bei seinen kardiovaskulären Schwerbeschädigten mit einem Gang rund ums Bett. Auf dem Campus der Universität von Wisconsin absolvierten 50jährige Frauen ein sich täglich steigerndes *Walking*-Programm. Nach zwei Monaten war ihre Sauerstoffaufnahme so wie bei 25jährigen Frauen. Das Beenden der Übungen führte zu einem rapiden Rückfall in die ursprüngliche Verfassung.

Aerob, anaerob und nichtaerob

Die beste Art körperlicher Bewegung, um Streß abzubauen und das Wohlbefinden zu steigern, ist aerob. Aerob bedeutet, daß

Sauerstoff verbraucht wird. Für unsere Zellen bedeutet das, daß Glukose und Fette als Energielieferanten verbrannt werden. Anaerob heißt ohne Sauerstoff. Anaerobe Aktivitäten verbrennen nur Glukose, man fühlt sich hungrig und muß *sofort* etwas Süßes essen. Das ist keine entstressende Lösung.

Physiologen definieren aerobe Aktivität als eine mindestens zwölfminütige kontinuierliche (ununterbrochene) Muskelaktivität bei einer Herzfrequenz von 75-85 % der Maximalfrequenz. Für die meisten ist es sinnvoll, sich im Bereich von 75 % der maximalen Herzfrequenz zu bewegen und lieber 20 Minuten flott zu gehen, als 12 Minuten auf der Stelle zu rennen. Deshalb gehören Golf und sogar Tennis zu den nicht-aeroben Aktivitäten.

Der Nutzen aerober Aktivitäten

1. Streß wird reduziert. Wir reduzieren Streßhormone, die durch Angst, Spannung und Ärger aktiviert wurden. Die Gehirnfunktion verbessert sich. Ein zügiger Spaziergang ist ein gutes Beruhigungsmittel. Sportliche Übungen fördern den Schlaf.
2. Wir fühlen uns besser. Die Haut wirkt jünger, hängt weniger, hat größere Elastizität und einen besseren Tonus. Gewichtsverlust ohne körperliches Training ist nur vorübergehend und führt zumeist innerhalb eines Jahres dazu, daß Muskeln durch Fett ersetzt werden. Aerobe Aktivitäten verbrennen Fette ebenso wie Glukose. Die Körperform verbessert sich. Muskeln sehen besser aus als Speck. Der Appetit reduziert sich. Das Gehirn produziert Hormone, die uns in jenes natürliche Hochgefühl versetzen, von dem Läufer berichten.
3. Körperliches Training reduziert die Wahrscheinlichkeit vieler Krankheiten. Die Knochendichte verbessert sich, so daß es im Alter zu weniger Knochenbrüchen kommt. Nach einem Unfall erholt man sich leichter. Vermutlich wird sich keine Diabetes entwickeln. Der Blutdruck sinkt, und das Blut wird nicht so

schnell Gerinsel bilden. Gewichtsabnahme reduziert das Risiko von Darmkrebs und bei Frauen auch von Brust- und Unterleibskrebs.

4. Ihr Körper arbeitet effizienter. Eine Studie einer südkalifornischen Universität zeigte, daß der Grundumsatz vier bis fünfzehn Stunden nach aktivem körperlichen Training um 7,5 auf 28% gestiegen war. Das Herz wird kräftiger. Es pumpt pro Herzschlag mehr Blut, so daß die Pulsfrequenz sinkt. Die Lungenkapazität steigt, wodurch sich die Sauerstoffversorgung in allen Körpergeweben verbessert.

Was Sie tun können

1. Machen Sie einen kurzen Spaziergang, und atmen Sie dabei tief durch. Das ist einfach und sicher, und Sie können es sofort tun.
2. Lassen Sie sich medizinisch durchchecken, bevor Sie ein Übungsprogramm beginnen.
3. Lassen Sie sich ein sich steigerndes Programm speziell für Ihre Bedürfnisse zusammenstellen.
4. Machen Sie täglich tibetische Energieübungen (etwa entsprechend unserem Buch *Tibetische Energie*).

Ernährung und Streßbewältigung

Im Jahre 1977 wurden in den USA zwei wichtige Dokumente veröffentlicht: Zum einen Jaquie Davisons *Cancer Winner* (Siegerin über den Krebs), in dem die Autorin über ihren erfolgreichen Kampf gegen den Krebs berichtet. Darin enthalten ist der Bericht von Firman E. Baer (*Rutgers University*) zu Mineralanalysen von Gemüsen, die mit biologischen und mit herkömmlichen Methoden angebaut wurden.

Drei Beispiele:

	biologisch	*herkömmlich*
Eisen im Spinat	1584 ppm	19 ppm
Kalzium im Kohl	60 me/100 g	15 me/100 g
Magnesium in Tomaten	59,2 me/100 g	4,5 me/100 g

Diese Zahlen zeigen, daß die modernen landwirtschaftlichen Methoden den Nährwert von Nahrungsmitteln drastisch reduziert haben. Der Einsatz von Hochertragsdüngemitteln hat das empfindliche Gleichgewicht des Bodens gestört.

Das andere Dokument, das eine tiefgreifende Wirkung auf uns hatte, war der sogenannte *McGovern-Report,* der Bericht des Komitees für Ernährung und Bedürfnisse des Menschen, der vom US-Senat in Auftrag gegeben wurde. Drei Auszüge sollen hier zitiert werden, denn sie belegen, daß die moderne amerikanische Ernährung „ ... die Gesundheit der Nation ebenso tiefgreifend schädigen kann, wie die zu Beginn des Jahrhunderts weitverbreiteten Infektionskrankheiten". Unsere „Ernährung hat sich in den letzten 50 Jahren radikal geändert, mit großen und oft schädlichen Auswirkungen auf unsere Gesundheit. Diese Veränderungen stellen wie das Rauchen eine Bedrohung für die Volksgesundheit dar. Zu viel Fett, zu viel Zucker oder Salz kann und muß in direkten Zusammenhang gebracht werden mit Herzkrankheiten, Krebs, Adipositas, Schlaganfällen und anderen tödlichen Krankheiten. Von den zehn häufigsten Todesursachen in den Vereinigten Staaten werden sechs mit der Art der Ernährung in Verbindung gebracht."

„Wir als die Regierung haben die Verpflichtung, dies bekanntzumachen. Die Öffentlichkeit möchte Orientierung, sie möchte die Wahrheit wissen, und wir hoffen, daß wir damit heute den Grundstein für eine bessere Gesundheit für alle Amerikaner legen."

„Eine entsprechende öffentliche Erziehung muß die bedauerlichen, aber klaren Grenzen der derzeitigen medizinischen Praxis bei der Heilung von tödlichen Krankheiten hervorheben. Haben sich Bluthochdruck, Diabetes, Arteriosklerose oder eine Herzkrankheit erst einmal manifestiert, gibt es nur noch wenig, was die medizinische Wissenschaft tun kann, um dem Patienten zu der normalen physiologischen Funktion zu verhelfen. In dem Maße, in dem das Bewußtsein von diesen Grenzen wächst, wird die Bedeutung der Krankheitsvorbeugung (Prävention) offensichtlicher."

Im März 1991 berichtete die Sonderkommission für Ernährung des Gesundheitsministeriums von Neuseeland, daß nahezu die Hälfte aller Neuseeländer (47,8 %) an ernährungsbedingten Krankheiten sterben. Selbst wenn man die Menschen im Alter von über 60 Jahren nicht berücksichtigt, sind es immer noch 31 %. Die Krankheiten wurden aufgezählt. Die Liste ist derjenigen aus dem amerikanischen Bericht von 1977 sehr ähnlich.

Was Sie tun können

Erkennen Sie die Tatsache an, daß schlechte Ernährung Streß fördert und gute Ernährung Streß reduziert. Machen Sie die McGovern-Ziele zu Ihrem Mindestprogramm:

Die sechs diätetischen Ratschläge des McGovern-Berichts

1. Erhöhen Sie den Kohlenhydratanteil Ihrer Ernährung auf 55–60 %.
2. Reduzieren Sie den Fettanteil Ihrer Energieaufnahme von 40 auf 30 %.
3. Reduzieren Sie die Aufnahme von ungesättigten Fettsäuren auf 10 %, und erhöhen Sie den Anteil an mehrfach und einfach ungesättigten Fettsäuren auf jeweils 10 %.
4. Reduzieren Sie die Cholesterinaufnahme auf 300 mg pro Tag.
5. Reduzieren Sie die Zuckeraufnahme um 40 % auf 15 % der Gesamtenergieaufnahme.
6. Reduzieren Sie die Salzaufnahme um 50–85 % auf 3 g pro Tag.

Vermeiden Sie den regelmäßigen Verzehr von:

1. Nahrungsmitteln mit künstlichen Zusätzen – lesen Sie die Etiketten.
2. Fertiggerichten – lesen Sie die Etiketten. Fertiggerichte haben einen hohen Gehalt an Zucker, Salz und oft auch MSG (Monosodiumglutamat).
3. ultrahocherhitzten, stark denaturierten Nahrungsmitteln – lesen Sie die Etiketten.
4. Zucker, Koffein, Zigaretten, Alkohol. Sie verursachen Stimmungsschwankungen, indem sie den Blutzuckergehalt beeinflussen.
5. Schlafmitteln, Schmerzmitteln, Beruhigungsmitteln. Sie bringen zwar kurzfristig Erleichterung, langfristig jedoch noch mehr Streß.

Gutes Essen in aller Kürze:

1. Unverarbeitete, frische, biologische Nahrungsmittel;
2. Frisches Obst und Gemüse;
3. Körner, Nüsse und Samen;
4. Hülsenfrüchte: getrocknete Bohnen, Erbsen, Linsen, Soja;
5. Kaltwasserfisch, etwas mageres Fleisch;
6. Gefiltertes Wasser: acht Gläser täglich;
7. Erhöhen Sie die Aufnahme von Ballaststoffen aus vielerlei Quellen;
8. Essen Sie 60 % Ihrer Nahrung roh – wegen der Enzyme;
9. Verwenden Sie wenig Butter und keine Margarine;
10. Nur geringe Mengen von Joghurt und Kefir.

Nahrungsmittelsupplemente und Streßbewältigung

In den neunziger Jahren benötigen wir auch Nahrungsergänzungsstoffe, sogenannte Supplemente. Unser Körper braucht Unterstützung, um die durch Streß, freie Radikale und Umweltverschmutzung erschöpften Vorräte wieder aufzufüllen. Wir müssen den Körper so gut wie möglich bei der Entgiftung unterstützen.

Wir sind alle einem Phänomen unterworfen, das man „Totalbelastung" nennt; es bedeutet, daß alles, was unser tägliches Leben beeinflußt, langsam akkumulieren kann. Solange diese Last noch leicht ist, können wir mit Streß und den uns umgebenden Viren und Bakterien umgehen. Starke Belastungen reduzieren jedoch die Toleranzfähigkeit des Körpers und erhöhen das Erkrankungsrisiko. Heutzutage ist es sinnlos, nach nur einem Grund für eine Krankheit zu suchen. Wir müssen die „Totalbelastung" vermindern. Mit *billigen* synthetischen Supplementen spart man am falschen Platz, denn diese können die Belastung noch erhöhen.

Supplemente helfen, indem sie die Kapazität der Entgiftungsbahnen erhöhen. Wenn man sie einnimmt, gleichzeitig jedoch Fertignahrung ißt und die Qualität der Nahrungsmittel und die anderen Aspekte einer umfassenden Gesundheitsvorsorge außer acht läßt, setzt man seine Vitalität aufs Spiel. Bestehen Sie bei der Auswahl der Supplemente auf vollwertigen und naturgemäßen Nahrungsmitteln, damit Dichte und Verschiedenartigkeit der Nährstoffe sichergestellt ist.

Erkundigen Sie sich, von wem die Herstellerfirma wissenschaftlich beraten wird. Achten Sie darauf: Findet Austausch statt bei Konferenzen oder Kongressen? Holt sich die Firma die wissenschaftliche Literatur über ein Computernetz? Verfügt sie über einen Zugriff auf Daten, die auf dem neuesten Stand sind? Entsprechen ihre Labors dem pharmazeutischen Standard? Wird selbst produziert oder nur eingekauft? Kommen die Zutaten aus biologischem Anbau, sind es Vollwertprodukte, und werden sie unter Niedrigtemperaturen verarbeitet? Vergewissern Sie sich, daß Ihre Firma keine Farmen besitzt, daß jede Partie isoliert, auf Pestizide und chemische Rückstände getestet und einer Qualitätskontrolle unterzogen wird. Überprüfen Sie alle diese Angaben.

Langfristige Streßbewältigung

Lernen Sie, einfach zu leben

Lassen Sie Ihre Bedürfnisse, Wünsche und Träume einfach werden. Entwickeln Sie eine Haltung der Dankbarkeit. Je weniger Stützen wir brauchen, um unser inneres Sicherheitsbedürfnis zu befriedigen, desto größer ist unsere innere Stärke.

Gehen Sie gut mit Ihrem Körper um

Machen Sie körperliche Übungen zu einer täglichen Gewohnheit. Lernen Sie zu „atmen". Essen Sie vielerlei organische Grundnahrungsmittel, davon 60 % roh. Fügen Sie ihrer Qualitätsnahrung noch Supplemente mit extra „Antioxidanten", essentiellen Fettsäuren, Vitaminen und Mineralien hinzu. Trinken Sie genügend gereinigtes Wasser. Nehmen Sie sich genügend Zeit für Ruhe, Entspannung und spirituelle Erfahrungen.

Machen Sie einen Plan für unvorhergesehene Ereignisse

Der Pessimist vergrößert sein Leid, indem er sich auch noch um alles, was schiefgehen *könnte,* Sorgen macht. Der scharfsinnige Realist macht sich Gedanken, „was schlimmstenfalls passieren könnte", und plant Alternativen. Das Wissen, daß wir mit allen Lebensumständen umgehen können, ist eines der Geheimnisse der Gelassenheit.

Schaffen Sie sich eine weitgefächerte Basis

Entwickeln Sie mehr als nur *eine* Fähigkeit, die Sie ernähren kann. Schaffen Sie sich eine „unantastbare" Rücklage für den Notfall, und fügen Sie wöchentlich etwas hinzu – ganz gleich um wieviel Prozent Ihres Einkommens es sich handelt. Eröffnen Sie sich gleichzeitig auch eine grundsätzliche Alternative zu Ihrer derzeitigen Tätigkeit.

Üben Sie, etwas zu riskieren

Leben ist ein riskantes Unternehmen. Erfolgreich Risiken einzugehen ist etwas, das Ihr Vertrauen in all Ihren Lebensbezügen stärken wird.

Belohnen Sie sich regelmäßig

Kinder und Tiere reagieren am besten auf regelmäßige kleine Belohnungen. Ihnen selbst wird es nicht anders gehen. Belohnungen müssen nicht teuer sein. Vielleicht kosten sie auch gar nichts.

Der Spaziergang am Strand nach einem Tag am Computerbildschirm bringt mehr als nur eine andere Perspektive und kostet nichts weiter als das Geschenk von ein wenig Zeit an sich selbst.

Hören Sie damit auf, den Schwarzen Peter zu verteilen

Hören Sie auf, andere für Ihre Probleme verantwortlich zu machen. Jedesmal wenn Sie sich für schuldlos erklären und „die anderen" (z.B. die Regierung) anklagen, vermeiden Sie es, sich dem wirklichen Problem zu stellen.

Solange Sie nicht hinschauen, werden Sie es nicht unter Kontrolle bringen. Ein Satz wie: „In meiner Familie hat man einen starken Körperbau" hält Sie davon ab, sich selbst einzugestehen, daß in Ihrem Leben Gewicht, Eßverhalten und körperliches Training nicht im Gleichgewicht sind.

Wenn wir beispielsweise durch den Steuerzahlungstermin Streß bekommen, ist nicht die Inflation daran Schuld, sondern die Tatsache, daß Sie es versäumt haben, regelmäßig Geld für die Steuern beiseitezulegen.

Üben Sie bitte nur mit Dingen, die Sie beeinflussen können

Sie können sich Ihrer Umgebung bewußter werden, doch Sie können sie nicht völlig verändern. Was Sie jedoch verändern können, sind Ihre Erwartungen, und Sie können Ihre Reaktionen und Überreaktionen kontrollieren lernen.

Verwenden Sie die Techniken, die Sie in diesem Workshop gelernt haben, regelmäßig, um Ihre Flexibilität und Elastizität zu erweitern.

Humor und Streßbewältigung

Lachen Sie über sich selbst, und betrachten Sie alles mit Humor. Nehmen Sie sich Zeit zu entspannen, schauen Sie sich Komödien an, und haben Sie Spaß mit Ihrer Familie und Ihren Freunden. Echtes Lachen setzt Endorphine frei, aktiviert den Heilungsprozeß und baut Streß ab. Norman Cousins heilte sich selbst mit seiner eigenen systematischen „Lachtherapie" von einer deformierenden Collagen-Krankheit. Schon nach ein paar Wochen war die Genesung sichtbar. (Er nahm zusätzlich noch hochdosiertes Vitamin C ein, den Grundbaustein für Collagen.) Norman betonte die Bedeutung von wirklich lustigen Filmen. (Er verwendete „Candid Camera" und Charly-Chaplin-Filme). Brutale, satirische „Komödien" haben nicht denselben Effekt. Der Gewinn liegt in den wirklich lustigen Sachen.

W. A. Chapman berichtet in seinem Buch *Your Cosmic Destiny* von Experimenten eines psychologischen Labors, indem das Kondensat des menschlichen Atems untersucht wurde. Haß, Ärger und Eifersucht bewirkten unterschiedliche Verfärbungen des Kondensats, das bei der Analyse tödliche Gifte enthielt. Das Gift, das in wenigen Minuten von Eifersucht entsteht, tötet ein Guineaschwein. Eine Stunde Haßgefühle produziert genügend Gift, um 80 Guineaschweine zu töten.

Frohe Emotionen produzieren nützliche chemische Komponenten. Negative, destruktive Emotionen bewirken entsprechend unerwünschte Veränderungen in unserem Gewebe. Unsere Denkweise wirkt sich auf unsere Nervenbahnen aus und verändert die Struktur der Gehirnzellen. Wir sind verantwortlich für das, was unseren Lungen entströmt. Wir können wählen, was wir ausatmen wollen.

Deshalb erweitern Sie Ihre Wahrnehmung für das Lächerliche und Komische und vor allem: Nehmen Sie sich selbst nicht so ernst. Lachen hilft uns, in einer beengenden Situation zu entspannen, und ermöglicht es uns, Distanz zu gewinnen und den größeren Zusammenhang zu sehen.

5 Anhang

Wo Sie weitere Informationen bekommen

In TfH-Kursen werden noch viele andere Methoden vermittelt, mit Hilfe derer Sie Streß abbauen und Ihr Energieniveau steigern können. Sie werden sich dadurch in bezug auf Ihre eigene und auf die Gesundheit Ihrer Familie wesentlich kompetenter fühlen und es auch wirklich sein. Ihre Körperhaltung und Ihr Wohlbefinden werden sich verbessern.
Für weitere Informationen wenden Sie sich bitte an:

Dr. Bruce and Joan Dewe, PKP International
P.O. Box 25-162, St. Heliers, Auckland, New Zealand 1130
Fax: 00 64-9-5 75 28 13

Über Kurse im deutschsprachigen Raum informiert:

IAK Institut für Angewandte Kinesiologie GmbH
Eschbachstraße 5, D-79199 Kirchzarten bei Freiburg
Tel: 0 76 61/98 71 0, Fax: 0 76 61/98 71 49

Benutzte Literatur und empfohlene Bücher

John Chitty, Mary Louise Muller: *Einfach mehr Energie*, Freiburg 1994 (VAK)
Paul Dennison: *Befreite Bahnen*, Freiburg 1984; 11. Aufl. 1996 (VAK)
Bruce und Joan Dewe: *Tibetische Energie. Selbsthilfe mit Kinesiologie*, Kirchzarten bei Freiburg 1998 (VAK)
John Diamond: *Die heilende Kraft der Emotionen*, Freiburg 1986; 9. Aufl. 1995 (VAK)
John Diamond: *Der Körper lügt nicht*, Freiburg 1983; 12. Aufl. 1995 (VAK)
Carla Hannaford: *Bewegung – das Tor zum Lernen*, Freibg 1996; 2. Aufl. 1997 (VAK)
Mary Louise Muller: *Selbsthilfeübungen zur kranialen Integration*, Freibg. 1996 (VAK)
Steven Rochlitz: *Aus dem Vollen schöpfen*, Freiburg 1996 (VAK)
Stokes/Whiteside: *One Brain*, Freiburg 1990; 5., überarb. Aufl. 1997 (VAK)
Stokes/Whiteside: *Tools Of The Trade*, Freiburg 1992; 5., überarb. Aufl. 1996 (VAK)
John F. Thie: *Gesund durch Berühren – Touch for Health*, München 1995 (Irisiana)
Wayne Topping: *Stress Release*, Freiburg 1986; 6. Aufl. 1997 (VAK)
Maggie la Tourelle, Andrea Courtenay: *Was ist Angewandte Kinesiologie?*, Freiburg 1993; 4. Aufl. 1996 (VAK)

Über die Autoren

Dr. Bruce Dewe hat sich als praktischer Arzt an die alternative präventive Medizin gewandt, um eine Lösung für sein Asthma zu finden, das er während des Medizinstudiums entwickelte. Die falsche Diagnose (ursprünglich Tuberkulose), der Schreck über das „Todesurteil“ durch eine unheilbare Krankheit und die lange Zeit als Patient in einer Phase seiner beruflichen Laufbahn, in der er leicht zu beeindrucken war, halfen ihm, die Grenzen der modernen westlichen Medizin menschlicher und auch objektiver zu sehen. In den vergangenen 25 Jahren war Bruce Dewe dennoch als praktischer Arzt und ärztlicher Leiter eines kleinen, ländlichen Krankenhauses tätig und lehrte Anatomie an der Hochschule für Medizin in Auckland. Ein Jahr lang studierte er natürliche

Heilmethoden in den USA, in Europa und Afrika, bevor er sich für Kinesiologie als seine Form der Medizin ohne Medikamente entschied. Bruce Dewe erkannte, welchen Nutzen es bringen würde, die Menschen zu lehren, selbst für ihre Gesundheit Verantwortung zu übernehmen.

Seit 1977 unterrichtet er TfH-Lehrgänge und bildet seit 1981 auch TfH-Instruktoren aus. Bruce Dewe hat sich nicht nur auf die Urform von TfH beschränkt, sondern hat viele andere Formen der Kinesiologie in seine Arbeit mit aufgenommen. Die *Professional-Kinesiology-Practitioner-(PKP)*-Lehrgangsserie, die *TfH-Foundation* von Australien und ein auf TfH aufgebautes Studienzentrum sind praktische Verwirklichungen seiner Ideen. In ihrem Zentrum in Auckland, Neuseeland, spezialisierten sich Bruce und Joan Dewe auf neuromuskuläre Medizin, Schmerz- und Streßbewältigung, Bewältigung von Lernschwierigkeiten und Beseitigung von Ängsten, Phobien und Allergien. Bruce hat die Fähigkeit, schwierige Konzepte in einfache, leicht erlernbare Module umzuwandeln. Dies, zusammen mit dem unterhaltsamen Präsentationsstil, hat eine weltweite Nachfrage nach seinen Lehrgängen ausgelöst.

Joan Dewe beendete ihre Sprachstudien mit Examen in Französisch und Latein als den Hauptfächern und Griechisch und Englisch als Nebenfächer. Ausgebildet als Lehrerin, erwarb Joan Dewe dann in einem medizinischen Forschungsinstitut all die Fähigkeiten, die besonders wertvoll wurden, als sie ihrem Ehemann in die alternative Medizin folgte. Joan und Bruce Dewe haben zwei Töchter, von denen eine dyslektisch war. Dies veranlaßte Joan Dewe dazu, sich intensiv mit den für Eltern zugänglichen Methoden, die Kindern beim Lernen helfen, zu befassen. TfH und später die *One Brain*- und *Structural Neurology*-Synthesen haben sich in ihren Händen als die wirksamsten Hilfsmittel erwiesen; sie wendete sie selbst erfolgreich an und lehrte sie bald auch andere Mütter und Fachleute. Zusammen mit Bruce Dewe hat sie für TfH im Südpazifik die *Professional-Kinesiology-Practitioner-(PKP)*-Lehrgänge entwickelt, um all ihre Gesundheits- und Integrationstechniken in eine sinnvolle und lehrbare Form zu bringen. Joan Dewe ist schlagfertig und hat ein ansteckendes Lachen. Diese Qualitäten, zusammen mit ihrer Fähigkeit, Informationen in einer klaren, systematischen Darstellungsweise zu präsentieren, haben sie in Australien, Neuseeland, in den USA und in Europa zu einer beliebten Seminarleiterin gemacht.